Peregrinaje en tres lapsos
Pilgrimage in Three Lapses

Peregrinaje en tres lapsos
Pilgrimage in Three Lapses

Marelys Valencia

Peregrinaje en tres lapsos
Pilgrimage in Three Lapses

Translated by
Marelys Valencia and Peter Nadler

ISBN 978-94-93156-13-5

*A mis guías de toda la vida, mis padres Ismael y
Margot*

*To the guides throughout my life, my parents
Ismael and Margot*

Anti-totalitaria

De este piélago de luces producidas por la mecánica de las
    sombras
(así de invertido el asunto)
me he deslizado.
Escapé como un escarabajo cuando todos miraban los reflejos
    (o los destellos),
hasta alcanzar la grieta,
la hendija oscura por donde avanzo, acariciando los grumos
    del barro.
He llegado hasta el borde
(la tierra no es redonda, sino que pende,
amorfa,
de un hilo).
Al rebasar el límite, como Altazor,
me abalancé
no al abismo nietzscheano,
sino al goce extraño de deshacer las palabras:
el regocijo del escarabajo que rompe los borujos de sintagmas,
y abre una salida
al libro no escrito.

Anti-Totalitarian

From this sea of lights produced by the mechanics of shadows
(that's how inverted the matter is)
I have slipped.
I escaped like a beetle when everyone looked at the reflections
    (or the flashes),
until reaching the crevice,
the dark slit where I walk, caressing the lumps of mud.
I've come to the edge
(the earth is not round, but hangs,
amorphous,
by a thread).
When overcoming the limit, like Altazor,
I pounced
no to the nietzschean abyss,
but to the strange enjoyment of undoing the words:
the rejoicing of the beetle that breaks the threads of phrases,
and opens an outlet
to the unwritten book.

Desierto I

cómo andar sobre la arena bocabajo
¿en pose cuadrúpeda?
(mejor de oruga)
sin hundir la cabeza cuando el cansancio empuje
aquí me han susurrado el remedio los dioses
de las montañas rocosas
ríe como imbécil
que la cuerda te mueve
danza en seis patas y diez apéndices larvarios
(crisálida empotrada en pedúnculo sedoso
o enterrada en el suelo)
ríe (cómo) riendo
con la boca de nopales
atiborrada
deshecha en rictus-marioneta
que nunca será eclosión
ni mariposa
sino oruga de arena devorada

Desert I

.

how to walk on the sand upside down
In a quadruped pose?
(maybe like a caterpillar)
without sinking the head when the tiredness pushes
here the gods have whispered the remedy
all the way from the Rocky Mountains
laugh like an idiot
because the rope moves you
dance on six legs and ten larval appendages
(chrysalis in silky peduncle or buried in the ground)
laugh (how)
laughing!
with the mouth crammed with nopales
broken into a puppet grin that will never hatch
a butterfly
but a caterpillar of devoured sand

Desierto-isla

La primera vez proferí la palabra torpe
dando traspiés

no culpo al hemisferio izquierdo del cerebro
desarticulado por un golpe bajo
o una bajeza de la mano
(acusar la extremidad me guarda del resentimiento)
en una experiencia anfibia de la muerte

La primera vez que balbuceé la palabra
en tu lengua
lanzaste una carcajada de polvo

no culpo mi percepción árida de las letras
la resistencia con que me defiendo del recuerdo
de aquella bajeza de la extremidad con tentáculos
contra la experiencia anfibia de la vida

La primera vez que articulé aquella palabra
el desierto se desató
en tu risa impetuosa

no incrimino el cordel de Bahos
la mano arbitraria sobre el lienzo
aquella bajeza de la mano sobre el óleo grotesco
contra la experiencia anfibia de mi boca

Desert-island

The first time I clumsily uttered the word
almost stumbling

I don't blame the left hemisphere of my brain
disjointed by a low blow
or a baseness of the hand
(accusing the limb keeps me from resentment)
in an amphibious experience of death

The first time I stammered the word
in your tongue
you gave a dusty laugh

I don't blame my arid perception of the lyrics
the resistance with which I defend myself from the memory
of that baseness of the tentacled limb
against the amphibious experience of life

The first time I said that word
the desert broke loose in your impetuous laugh

I do not incriminate the cord of Bahos
the arbitrary hand over the canvas
that sordidness of the hand on the grotesque oil painting
against the amphibious experience of my mouth

The first time it became a haboob

La primera vez se convirtió en *haboob*
alucinante como lenguas beduinas

no culpo las arbitrariedades de *les langues*
cabezas múltiples de improbable sumisión
ni la blasfemia de mi lengua
en su cataclismo de arena ocre
desperdigado
lejos de la isla

mind boggling like Bedouin tongues

I do not blame the arbitrariness of *les langues*
multiple heads of unlikely submission
nor the blasphemy of my tongue
in its cataclysm of ocher sand
scattered
far from the island

Criatura

marcha sin itinerario es la orden
fulminante como el espesor de una bala

la andanza autoriza las horas que no bendice el suicida
pero que aguardan la condena a morir por otra mano
soy figura de arenilla reclamando humanidad
(¿un ser imaginario?)

Creature

march without an itinerary is the order
withering like the thickness of a bullet

the walk authorizes the hours not blessed by the suicidal
the hours that await the death sentence by another hand
I am a figure of sand claiming humanity
(an imaginary being?)

Petrificación o pausa I

jorobas de camélido
nacen por minuto en mis espaldas
entre cada giba se afinca una tristeza
que quiere cruzar al otro lado del desierto
una montaña
con figura de camello acostado
cansado de hundir sus pezuñas en la arena
libera un humo tenue pero afectuoso como una sonrisa
respiro y cada bocanada me convierte en pausa

he quedado allí
petrificada
con sombras que rumian sobre mi cabeza

Petrification or Pause I

camelid humps
are born every minute on my back
between each hump a sadness takes hold
to cross to the other side of the desert
a camel lying-down on a mountain
tired of sinking its hooves in the sand
releases a wispy but affectionate smoke like a smile

I breathe and each puff turns me into a pause

I remain there
petrified
with shadows ruminating over my head

Sin historia

Evitas lo personal
el recuerdo
                cuestiona él
siempre hay un sitio de partida

si la fuga es subterránea
                digo
por qué recordar *el mundo alucinante*
la tierra penitente bajo el cielo

en mis manos viaja la familia
la escribo en el silencio
                junto a peces que duermen en las rocas
mi familia es la imagen-tiempo
duración exenta de falacias

soy sobreviviente
y mi memoria no sirve al testimonio
solo una impresión en blanco y negro
sobre un bus donde unos ojos tristes
rasgan impertinentes apariencias

No History

«You elude the past
(memory)»
            he questions
«there is always a starting place»

if the fugue is subterraneous
            I say
why remember the mind-bending world
the penitent land under the sky

family travels in my hands
I write it in silence
next to a fish that sleeps on the rocks
my family is the time-image
duration free from fallacies

I am a survivor
and my memory does not serve the testimony
just a black and white print portrait
on a bus where sad eyes tear impertinent appearances

Intermezzo

No habito las horas
sino su imagen
el-ár-bol-de-ho-jas-ca-í-das

la duración del cambio
en el segundo que *ya no existe*
oxímoron de una memoria
que deja entrar por el ojo demacrado
la eternidad de una libélula

Intermezzo

I do not inhabit the hours
but its image
the-tree-of-fa-llen-leaves

the duration of the change
in the second that it no longer exists
oxymoron of a memory that lets in
through the haggard eye
the eternity of a dragonfly

Incrédula

pende sobre mi lengua el metal filoso
yo (el inquebrantable Damocles)
domando la cacofonía de la duda
el tintineo de la sílaba sugerida en el sonido punzante
líquido
mientras se tersa el impulso del fonema desbandado
como la cámara fotográfica de *Blow-up* contra el sujeto
y este sin entender nada
errático ante el disparo de la muerte

Incredulous

Sharp metal hangs on my tongue
I (the unshakable Damocles)
taming the cacophony of doubt
the jingle of the suggested syllable in the stabbing sound
liquid
while the impulse of the disbanded phoneme is smoothed out
like Cortázar's blow-up camera (against the man who under-
    stands nothing)

the erratic man before the shot of death

Trópicos

Me visto de flores silvestres
aromas milenarios me cuidan y sostienen
en un sitio que remeda la ciudad exangüe
y es humareda de sombras
fractales en una galaxia que *coerce*
imitaciones de su antigua vida

     si hubieran nacido en Egina
     isla de Éaco
el juicio anularía la conversión *sin cuerpo y sin huesos*
…
me visto de flores que herbolan las bocas de sapo
me pongo los huesos
las pestañas que protegen los ojos del humo
para esquivar la metamorfosis

Tropics

I dress in wild flowers
millennial aromas take care of and sustain me
in a place that mimics the bloodless city
and it's smoke of shadows
fractals in a galaxy that *coerces*
imitations of its old life
…
if they would had been born in Aegina
island of Aeacus
the judgment would nullify the conversion
no body
no bones
…
I dress with flowers that smear with poison the lackey mouths
I put on the bones
the eyelashes that protect my eyes from the smoke
and avoid the metamorphosis

El huracán

un río de hormigas enanas digiere con gusto
los restos del huracán
    abro la ventana y el aire sopla del sur pudriendo cada rincón
los niños pintando el pasado
con manos convertidas en costa
una secuencia de muecas afanadas en mi ordenador
alumbra la noche sin electricidad como lingote falso

el huracán abandona
presto
mi refugio
con un vendaval de humildades ásperas
y yo (obedeciendo a su naturaleza)
aseguro que otro fenómeno con luz patibularia
se arme en las corrientes de un golfo oblicuo
directamente proporcional
a la energía del giro

Oblique Gulfs

a river of dwarfed ants digest with pleasure
the remains of the hurricane
    the air blows from the south rotting every nook
some children just paint the past
with hands turned into shores
a sequence of busy emojis like a fake ingot on my computer
lights up the night during a blackout

the hurricane leaves my shelter the minute it arrives
with a gale of harsh humility
and (as I obey its nature) a patibular light is secured
in the currents of an oblique gulf

El péndulo y yo

El mar se lleva mis pensamientos,
los arrastra lejos, como algas secas y semillas.
Todo lo que habita en su fondo.
Me deja con un ruido a cabeza vacía,
como el hilo de un péndulo
cuya masa despreciable es eje aún.
Tiempo-espacio,
el mar-péndulo.
Alternación dentro de mis hemisferios
hartos de él,
de este movimiento con resaca que añora un fin.
O un inicio,
quizá,
un punto fijo.

The Pendulum and I

The sea carries my thoughts,
it drags them away like dried seaweed and seeds.
Everything that lives in the depths.
It leaves me with an empty-head noise,
like the string of a pendulum
whose negligible mass is still axis.
Time-space the sea-pendulum.
Alternation inside my brain
sick of this downward tide
that yearns for an end.
Or a beginning,
perhaps a fixed place.

Palabras

la nómada elige un espacio
para detonar las palabras
¿será esta la fase sedentaria en que
expulsa el alma
sílaba a sílaba?
la pregunta surge retórica
como la mención de un año bisiesto

Words

the nomad chooses a space to detonate the words.
will this be the sedentary phase in which she expels her soul?
the question arises like the mention of a leap year

Después de la cena

Los cubiertos de la cena yacen en contorsionistas poses:
cuerpos desparramados.
Los miro como quien observa, sin aliento,
el campo inane al final de una batalla.
Aún inertes, me desafían en su lumbre amarilla.
En tanto, permanezco.

After dinner

Dinner cutlery lies in contorted poses:
scattered bodies.
I look at them as one who observes, breathless,
the inane field at the end of a battle.
Still inert, the bodies challenge me in their unctuous glow.
And I just remain.

Peso o Pausa II

Desde el fondo neutro de esta playa
veo hundirse el cielo y mezclarse en mis ojos
la soledad de peces y horas

Weight or Pause II

From the neutral bottom of a beach I see the sky sinking,
blending in my eyes the solitude of fishes and hours.

Lumbre

sin la intensa lumbre del piélago creí salvarme.
las pestañas
trémulas
se adaptaron al mundo subterráneo.

        al salir de la oquedad aguardaba
                un país deletreado en exiguas letras
            que tornaban sus ojos a los lados del camino
en ambos lindes
los muertos dormían librados del lastre de los muros
(sus predios abrazados al orden de los vivos)

indiscretas soledades aún persisten
lejos

Incandescent Light

away from the deep sea light I sought salvation
my eyelashes tremulously
adapted to the underworld

on the surface a hollow irony awaited
                    a country spelled in meager letters
turning the eyes to the roadsides

on both ends the dead slept
        freed
from the ballast of the walls
(their estates caressing the world of the living)

a country of indiscrete loneliness insists
    aloof

Abulia

despierto como un número seis (de espaldas)
el arco me impide levantarme y recitar un poema en el parque
donde *dos espectros* solitarios hablan de los obstáculos
entre la lengua y la garganta
los labios dejando asomar una sonrisa tísica
en un torbellino de copos que me traspasan

Abulia

I wake up like a number six (on my back)
the bow prevents me from getting up and reciting a poem
    in the old park
where two solitary specters speak about the obstacles
between the tongue and the throat
consumptive smiles slip from their lips
in a whirlwind of flakes that pierce me

Nido

Tras Wilde

El ruiseñor de oro se posa en la tesitura del desamparado remedando tu simulacro de generosidad. ¿Qué debe cantar cuando el otoño es mudo y él (o tú y yo) somos el medio, no la mitad del mundo que afuera apenas transita por amarillos demorados?

Las hojas comenzaron a caer y el canto se aleja.

El vagabundo sopla con fuerza monzónica su propio nido.

Nest

After Wilde

The golden nightingale perches in the tessitura of the wanderer, imitating your simulacrum of generosity. What should he sing when autumn is dumb and he (or you and I) are solely the middle, not the half of the world barely passing through delayed yellows?

The leaves began to fall and now the song recedes.

With the force of a monsoon the wanderer blew out his own nest.

Imágenes sin Bolaño

Anduve *vacía de imágenes.* Sucede en las ciudades pérfidas,
     donde escritores
viscerales se emborrachan evitando lo prístino –el no-lugar–
en un presente donde se camina *mirando un punto, pero
     alejándonos(te) de él.*
Ando y lo inasible me enfrenta.

Images without Bolaño

I walked *empty of images*. It happens in perfidious cities,
    where visceral writers
get drunk avoiding the pristine no-place
in a present where one *gazes at a point while moving away
    from it*.
I wander about, facing the ungraspable.

Nómada

Regreso sin punto de partida, a una idea que nunca fue arribo

I return without a departure point to an idea never meant
     to be a destination.

Teoría de los afectos

En el mismo borde de la no-razón,
un pálpito emerge en el lugar del logos,
y trastorna el sentido inequívoco.
En la infinitud relacional, deseo (im)posible
y carencia que es tuya ahora,
mi in-completitud no se asume, sino que acecha.
Tu sagaz ministerio del espacio
se convierte en ilusión
Y la promesa (del espacio), que me ordenó por siglos,
pierde ahora, y por mucho.
Pierde a una sombra inacabada
en la doblez de un verbo,
o la multiplicidad de una idea.
Pierde una retahíla de símbolos,
que dan paso, *así nomás*,
al código de los afectos.

Theory of Affects

On the very edge of no-reason,
a hunch emerges in the place of the logos,
unsettling the unequivocal sense.
My incompleteness is not assumed, but lurks
within a relational infinity (an impossible wish
that now belongs to you).
Your shrewd ministry of space
becomes an illusion
and the promise (of space), commanding me for centuries,
loses now, and by far.
It loses to an unfinished shadow
in the fold of a verb,
or the multiplicity of an idea.
It loses a string of symbols
that give way, just like that,
to a code of affects.

Indiana

el viento cerró la puerta
y el estremecimiento permanece más allá del sonido
temblamos y no somos puerta
hay turbación en la quietud semi-abierta de un lapso de vida

Indiana

The wind closed the door
and the shudder remains beyond the sound
we tremble and we are not a door
there is embarrassment in the semi-open stillness of a lifespan

Ha amanecido

Sentada en el patio del edificio de 1926 tomo un sorbo de café
    expreso, mientras pienso en aquella mirada-armadura,
    caparazón que no pudo defenderte de mi peso. Oculta
    había permanecido en un desconchado diminuto de la
    pared. Allí yacía un insecto.
Mi (nuestra) vida era más frágil que la suya.
quería *ir*
nada más
que hasta el fondo

Dawn

Sitting in the courtyard of a 1926 building, I take a sip of
    espresso, while I think of that armor-gaze, the shell that
    could not defend you from my weight. Hidden, I had
    remained in a tiny chip in the wall next to a dry insect.
My (our) life was more fragile than it.
I did want to go further
than the bottom

Las no-jerarquías del trayecto

La preminencia de mis ojos redujo este verso a la pasión, a
    la letra-laurel sufrida en el trayecto
(desamor o sinrazón). Imágenes de fuego sobre el hielo o en
    las alturas se ahogan
en emanaciones imperdibles a la conciencia del ojo.
Qué jerarquía obedece el poeta en este minuto, en el derro-
    tero de una historia que
no exonera la vista del terror peltre, fundiendo el ojo con
    todo los demás: liquidez de olores/ruidos/sabores/visiones
    táctiles.
Visión que es imagen clamando presencia (y no es porque
    la he roído).

The Non-hierarchies of the Journey

The preeminence of the eyes reduced this verse to passion,
    to the laurel-letter made by the journey.
Images of fire on ice or in the heavens ended up drowned in
    indifferent emanations.
What hierarchy does the poet obey at this moment, when
    the story's thread
does not exonerate the sight of the pewter terror:
the melting eye in the liquidity of smells / noises / tastes.
A sight that is to me a dislodged picture claiming presence
    (no longer here because I have gnawed it off)

Trazo

La ceiba madre
ceiba-cuerpo
protección de las horas y el exilio
  me abandonó
desnuda me soñaron los hombres
los pantanos
las playas
las rocas
los árboles
  la Tierra
todos cedieron su forma a mi cuerpo-agua que ahora regresa
 en su realeza
en contornos recursivos
de fuego y su antítesis
  la huella

Stroke

The mother ceiba
ceiba-body
protection of hours and exile
abandoned me
men dreamed of me naked
the swamps
the beaches
the rocks
the trees
the earth
all gave their form to my body-water
now returning to its royalty in recursive contours
of fire and its antithesis
the trace

Tribulación

Este camino
lleva a un ramillete de nomeolvides,
pero –me dice la voz–
en el trayecto un desfile de santos impide el paso.
Vórtice de sotanas y sonidos rotos –añade.
Párvula,
extiendo una mano,
y un pájaro verde se posa en gesto-hálito
humedeciendo el pan que ofrezco.
Los santos hombres se aglomeran ante mí.
Pájaros,
negros y grises,
graznan.
Apuro las manos,
ahora en todas las direcciones.
Pecho.
Hecho.
Hasta que registro el levante,
y, sobre el púlpito de manchas, me fragmento.

Tribulation

This path
leads to a bunch of forget-me-nots,
but -the voice tells me-
«on the way a parade of saints blocks the path.
Vortex of cassocks and broken sounds,» she adds.
I extend a hand
and a green bird alights in gesture-breath
moistening the bread I offer.

The holy men crowd before me.
Birds, black and gray
(they squawk).
I move my hands now in all directions
until I register the lift
and, on the pulpit of holly spots,
I fragment.

Naturaleza del ahora

ando en busca de una solitud
encallada pero que respire
en alcohol y elíxires conocidos a los sibaritas
a Zelda
(la musa de Alabama) dando traspiés en sus volantes,
ripiándolos en la fiesta humana

I'm looking for a stranded solitude
breathing
in alcohol and elixirs known to connoisseurs
to Zelda
the Alabama muse stumbling,
tearing her flounced dresses at the human party.

En puntas de pie

una sensación anda en puntillas de pie
se acerca lentamente como lo hacen los niños
cuando juegan a «un, dos, tres, limones»
y antes de que nos demos la vuelta
aparecerá detrás de la nuca
el impulso de un suspiro impoluto

On Tiptoes

a sensation on tiptoes approaches slowly
like children
when they play «uno, dos, tres, limones»
and before we turn around
a pristine breath blows on the back of our necks

Noticias

Se quedó en el umbral el cartero

antes salía entusiasta en su bicicleta
escuchando los adioses de la esposa
mientras hacía malabares con sus cartas blancas

yo lo sentía en las mañanas
medía mi tiempo según el sonido de aquella voz
descolorida como un eco
pero nunca lo invité a un café

tal vez solo imagino un cartero
de una película enfundada en soportes (y palabras) *passée*

de la isla solo viajan noticias sin papel

News

The postman remained on the threshold

he used to leave enthusiastically on his bike
listening to the wife's goodbyes
while he juggled the white letters

I felt him in the mornings
I measured my time according to the sound of that voice
fading like an echo
yet, I never offered him a cup of coffee

maybe I just imagined a postman
in a film sheltered in props (and words) *passée*

Only paperless news travels from the island

Ante Tarkovsky en una noche indiana

Siempre hay un espejo cuando aparece la lluvia
para mostrarnos la soledad del cielo
en nuestra cama de hierro
escuchamos su discreto clamor de compañía
y nos dejamos caer sorbidos por el lenguaje
ininteligible
quién se atrevería a traducírnoslo
¿el espejo?
abandonados sobre el lecho blanco
la nostalgia huele al torrente monótono que no cesa
es todo lo que podemos descifrar
cuando despertemos
otro flujo creará su propio espejo
gozoso
en un momento que advierte nuestra carencia

In the Face of Tarkovsky on an Indiana Night

There is always a mirror when the rain appears
to show us the loneliness of heaven
in our iron bed
we hear its discreet cry for company
and we let ourselves fall, swallowed up by a language
(unintelligible)
who would dare to translate it for us?
abandoned on the white bed
nostalgia smells of the monotonous torrent
it is all we can decipher

when we wake up
another flow will create its own mirror
joyful
in a Lacanian glimpse that warns of our *lack*

Lapso

un juego de nomenclaturas se extiende
hasta alcanzar una mano
cada vez que pierdo mi nombre

Lapse

a naming game extends
until reaching a hand
every time I lose my name

Matriz

he visto una luna cubierta de pájaros
con un halo que en otros lares anunciaría la lluvia
aquí el fulgor prestado no preside vaticinios
solo los vientos del Michigan empujan la naturaleza
a estallidos húmedos o estériles como mi útero
mi matriz-luna-cortada-sin-fulgores
ni pájaros

Matrix

I have seen a moon covered with birds
with a halo that in other places might announce the rain
here the borrowed glare does not preside over predictions
only the Michigan winds push nature
to wet or sterile bursts like my uterus
my womb-moon-cut-without-glares

Estado de gracia

llego al fondo en estado de gracia
con surcos de aire que algunos nombran *vacío*
no hay método
sino intersticios entre sombras
espacios de sensibles mutaciones
invisibles a los perros jíbaros de la isla pétrea

un impulso que renuncia a la memoria
esa proeza de andar bajo las ruinas

I reach the bottom in a state of grace
with grooves of air that some call void
no method
but interstices between shadows
spaces of sensitive mutations
invisible to the stray dogs of the stony island

an impulse that gives up memory
the deed of walking under the ruins

Última pausa

Canta en la madrugada.
Su insomnio reposa a la salida del sol sobre un techo arcado.

Last Pause

She sings at dawn
her insomnia rests at sunrise on an arched roof

Catálogo Bokeh

Abreu, Juan (2017): *El pájaro*. Leiden: Bokeh.

Aguilera, Carlos A. (2016): *Asia Menor*. Leiden: Bokeh.

— (2017): *Teoría del alma china*. Leiden: Bokeh.

Aguilera, Carlos A. & Morejón Arnaiz, Idalia (eds.) (2017): *Escenas del yo flotante. Cuba: escrituras autobiográficas*. Leiden: Bokeh.

Alabau, Magali (2017): *Ir y venir. Poesía reunida 1986-2016*. Leiden: Bokeh.

— (2019): *Mordazas*. Leiden: Bokeh.

Alcides, Rafael (2016): *Nadie*. Leiden: Bokeh.

Andrade, Orlando (2015): *La diáspora (2984)*. Leiden: Bokeh.

Armand, Octavio (2016): *Concierto para delinquir*. Leiden: Bokeh.

— (2016): *Horizontes de juguete*. Leiden: Bokeh.

— (2016): *origami*. Leiden: Bokeh.

— (2019): *El lugar de la mancha*. Leiden: Bokeh.

— (2019): *Superficies*. Leiden: Bokeh.

Aroche, Rito Ramón (2016): *Límites de alcanía*. Leiden: Bokeh.

Blanco, María Elena (2016): *Botín. Antología personal 1986-2016*. Leiden: Bokeh.

Caballero, Atilio (2016): *Rosso lombardo*. Leiden: Bokeh.

— (2018): *Luz de gas*. Leiden: Bokeh.

Calderón, Damaris (2017): *Entresijo*. Leiden: Bokeh.

Castaños, Diana (2019): *Yo sé por qué bala la oveja mansa*. Leiden: Bokeh.

— (2019): *The Price of Being Young*. Leiden: Bokeh.

Columbié, Ena (2019): *Piedra*. Leiden: Bokeh.

Conte, Rafael & Capmany, José M. (2019): *Guerra de razas. Negros contra blancos en Cuba*. Leiden: Bokeh, colección Mal de archivo.

Díaz de Villegas, Néstor (2015): *Buscar la lengua. Poesía reunida 1975-2015*. Leiden: Bokeh.

— (2015): *Cubano, demasiado cubano. Escritos de transvaloración cultural*. Leiden: Bokeh.

— (2017): *Sabbat Gigante. Libro primero: Hojas de Rábano*. Leiden: Bokeh.

— (2018): *Sabbat Gigante. Libro segundo: Saigón*. Leiden: Bokeh.

Díaz Mantilla, Daniel (2016): *El salvaje placer de explorar*. Leiden: Bokeh.

Espinosa, Lizette (2019): *Humo*. Leiden: Bokeh.

Fernández Fe, Gerardo (2015): *La falacia*. Leiden: Bokeh.

— (2015): *Notas al total*. Leiden: Bokeh.

Fernández Larrea, Abel (2015): *Buenos días, Sarajevo*. Leiden: Bokeh.

— (2015): *El fin de la inocencia*. Leiden: Bokeh.

Ferrer, Jorge (2016): *Minimal Bildung. Veintinueve escenas para una novela sobre la inercia y el olvido*. Leiden: Bokeh.

Gala, Marcial (2017): *Un extraño pájaro de ala azul*. Leiden: Bokeh

Galindo, Moisés (2019). *Catarsis*. Leiden: Bokeh.

Garbatzky, Irina (2016): *Casa en el agua*. Leiden: Bokeh.

García, Gelsys (2016): *La Revolución y sus perros*. Leiden: Bokeh.

García, Gelsys (ed.) (2017): *Anuncia Freud a María. Cartografía bíblica del teatro cubano*. Leiden: Bokeh.

García Obregón, Omar (2018): *Fronteras: ¿el azar infinito?* Leiden: Bokeh.

Garrandés, Alberto (2015): *Las nubes en el agua*. Leiden: Bokeh.

Gómez Castellano, Irene (2015): *Natación*. Leiden: Bokeh.

González Nohra, Fernando (2019): *Con sumo placer*. Leiden: Bokeh.

Guerra, Germán (2017); *Nadie ante el espejo*. Leiden: Bokeh.

Gutiérrez Coto, Amauri (2017): *A las puertas de Esmirna*. Leiden: Bokeh.

Harding Davis, Richard (2019): *Notes of a War Correspondent*. Leiden: Bokeh, colección Mal de archivo.

Hernández Busto, Ernesto (2016): *La sombra en el espejo. Versiones japonesas*. Leiden: Bokeh.

— (2016): *Muda*. Leiden: Bokeh.

— (2017): *Inventario de saldos. Ensayos cubanos*. Leiden: Bokeh.

Hondal, Ramón (2019): *Scratch*. Leiden: Bokeh.

Hurtado, Orestes (2016): *El placer y el sereno*. Leiden: Bokeh.

Jesús, Pedro de (2017): *La vida apenas*. Leiden: Bokeh.

Kozer, José (2015): *Bajo este cien*. Leiden: Bokeh.

— (2015): *Principio de realidad*. Leiden: Bokeh.

Lage, Jorge Enrique (2015): *Vultureffect*. Leiden: Bokeh.

Lamar Schweyer, Alberto (2018): *Ensayos sobre poética y política. Edición y prólogo de Gerardo Muñoz*. Leiden: Bokeh, colección Mal de archivo.

Lukić, Neva (2018): *Endless Endings*. Leiden: Bokeh.

Marqués de Armas, Pedro (2015): *Óbitos*. Leiden: Bokeh.

Miranda, Michael H. (2017): *Asilo en Brazos Valley*. Leiden: Bokeh.

Morales, Osdany (2015): *El pasado es un pueblo solitario*. Leiden: Bokeh.

Morejón Arnaiz, Idalia (2019): *Una artista del hombre*. Leiden: Bokeh.

Méndez Alpízar, L. Santiago (2016): *Punto negro*. Leiden: Bokeh.

Padilla, Damián (2016): *Phana*. Leiden: Bokeh.

Pereira, Manuel (2015): *Insolación*. Leiden: Bokeh.

Ponte, Antonio José (2017): *Cuentos de todas partes del Imperio*. Leiden: Bokeh.

— (2018): *Contrabando de sombras*. Leiden: Bokeh.

Portela, Ena Lucía (2016): *El pájaro: pincel y tinta china*. Leiden: Bokeh.

— (2016): *La sombra del caminante*. Leiden: Bokeh.

Pérez Cino, Waldo (2015): *Aledaños de partida*. Leiden: Bokeh.

— (2015): *El amolador*. Leiden: Bokeh.

— (2015): *La isla y la tribu*. Leiden: Bokeh.

— (2019): *Apuntes sobre Weyler*. Leiden: Bokeh.

Quintero Herencia, Juan Carlos (2016): *El cuerpo del milagro*. Leiden: Bokeh.

Rodríguez, Reina María (2016): *El piano*. Leiden: Bokeh.

— (2018): *Poemas de navidad*. Leiden: Bokeh.

Rodríguez Iglesias, Legna (2015): *Hilo + Hilo*. Leiden: Bokeh.

— (2015): *Las analfabetas*. Leiden: Bokeh.

Saunders, Rogelio (2016): *Crónica del decimotercero*. Leiden: Bokeh.

Starke, Úrsula (2016): *Prótesis. Escrituras 2007-2015*. Leiden: Bokeh.

Sánchez Mejías, Rolando (2016): *Mecánica celeste. Cálculo de lindes 1986-2015*. Leiden: Bokeh.

Timmer, Nanne (2018): *Logopedia*. Leiden: Bokeh.

Valdés Zamora, Armando (2017): *La siesta de los dioses*. Leiden: Bokeh.

Vega Serova, Anna Lidia (2018): *Anima fatua*. Leiden: Bokeh.

Villaverde, Fernando (2016): *La irresistible caída del muro de Berlín*. Leiden: Bokeh.

— (2016): *Los labios pintados de Diderot*. Leiden: Bokeh.

Williams, Ramón (2019): *A dónde*. Leiden: Bokeh.

Wittner, Laura (2016): *Jueves, noche. Antología personal 1996-2016*. Leiden: Bokeh.

Zequeira, Rafael (2017): *El winchester de Durero*. Leiden: Bokeh.